기억에 선을 긋다

기억에 선을 긋다

박 언 지 시집

책나무출판사

| 시인의 말 |

가을걷이가 끝난
논바닥에서 이삭 줍듯
순간순간 기도의 끈으로
살아온 삶

흘러간 세월에
눈을 감아도
바람이 뇌를 때려도
철자법도 받침도 틀린
세월 잡으러
보헤미안처럼 살 수밖에 없었다

이제는
코끝이 찡하니 매운맛
갈무리하는 은빛 머리칼

변해가는 세상 중심에서
무겁게 걸치고 있던 옷,
집착과 아집을 버리고
시간만이 아는 기억에 선을 긋습니다.

| 목차 |

시인의 말 · 5

1부. 새벽을 여는 사람들

봄비 · 10 / 이슬 · 11 / 만남은 우연은 없다 · 12 / 잘 있었구나 · 14 /
봄날엔 · 15 / 무아의 곡선 · 16 / 사랑 · 17 / 새벽을 여는 사람들 · 18 /
그리움 · 20 / 자연과 시간의 예술 · 21 / 꿈 · 22 / 여백 · 23 / 에로스 · 24 /
추억을 찾아서 · 25 / 허상 · 26 / 봄빛 · 27 / 흔적 · 28 / 비워진 마음 · 29 /
얼레빗 · 30 / 건널목에서 · 32 / 봄은 · 33 / 아가 · 34 /
무지개로 다시 빛나소서 · 36 / 질경이 · 38 / 석모도 가는 길 · 39 / 폭우 · 40 /
행복한 공약 · 41 / 허수아비 · 42 / 회화나무 · 44 / 들국화 · 45

2부. 장맛비 내리는 날

선망 환자의 하루 · 48 / 기도 · 49 / 금정산 · 50 / 갯벌에도 집이 있다 · 51 /
수련 · 52 / 그럼에도 · 53 / 염전의 소요 · 54 / 낙동강 · 55 / 두레 밥상 · 56 /
들판에 서면 · 58 / 솔발산에서 · 60 / 세탁기 앞에서 · 61 / 백리포 · 62 /
산사에서 · 64 / 그림을 그리며 · 65 / 나무는 · 66 / 누가 · 67 / 파도 · 68 /
바위 · 69 / 장맛비 내리는 날 · 70 / 타향에서 · 71 / 탱자나무 울타리 · 72 /
고리 · 73 / 해변으로 가자 · 74 / 나뭇잎 연서 · 75 / 커피를 마시며 · 76 /
풍경 · 77 / 태풍이 부는 날 · 78

3부. 세월의 잔영

가을 초입에 · 82 / 무 · 83 / 사구에 살다 · 84 / 상흔 · 85 / 상고대 · 86 /
아픈 손가락 · 87 / 운조루에 앉아 · 88 / 자신이 타인처럼 느낄 때 · 89 /
이 가을에 · 90 / 진눈깨비 내리던 날 · 91 / 낙엽 · 92 / 가시나무새 · 94 /
석양이 내리던 날 · 95 / 세월 · 96 / 영하의 날씨에 · 98 / 낙엽처럼 · 100 /
스모그 · 101 / 호박죽 · 102 / 세월의 잔영 · 103 / 산사에서 · 104 /
입추가 지나고 · 105 / 인각사 단상 · 106 / 내 나이 가을 · 108 / 넋두리 · 109 /
침묵으로 쉬고 싶은 계절에 · 110 / 눈 · 111

4부. 바람 소리가 가파르다

숟가락 · 114 / 힐링이 따로 있나 · 115 / 옛집 · 116 / 노점상 국수 한 그릇 · 117 /
친구의 넋두리 · 118 / 지금 정지 버튼을 누른다 · 120 / 길가의 소요 · 122 /
뜨개질을 하며 · 123 / 목선 · 124 / 바람 소리가 가파르다 · 125 / 불면증 · 126 /
태종대 자갈 마당 · 128 / 어부바 · 130 / 어느 와당 미소 · 131 /
열무김치를 담그며 · 132 / 사물놀이 · 134 / 순천만서 · 136 / 문패 · 138 /
어머니 · 139 / 가오리연 · 140 / 신 굿 · 141 / 또 다른 세상 · 142 / 생굴 · 143 /
단상 · 144 / 제야의 종소리 · 145 / 창문을 바르며 · 146 / 삶의 길목에서 · 147 /
그는 말했다 · 148

| 시평 | 삶의 근원에 존재하는 인식과 존재의 결합 시인 유영규 · 150

• 1부 •

새벽을 여는 사람들

봄비

비 내리는 퇴근길
우산을 받고 걸으면
누군가 말을 한다
알아들을 수 없는 말을
자꾸만 자꾸만
집에 도착할 때까지
귓전에 맴도는 말을
우산을 접고 들어서면
친구를 밖에 세워 둔 것만 같다.

새벽까지
문을 두드리는 소리
문을 열어보니
임께서 그렇게
부르셨군요.

이슬

이슬로만 살고 싶어요.
그렇지만
아니에요,
입술을 깨문 짙은 한숨이
몇 번을 삼켰다 참으며

가슴앓이를 하다
잎새에 떠 놓은 정화수가 될래요.
타인에게 보이는 것은
울부짖는 괴로움이라
싫어요,
들끓는 나만의 보석으로
천년이 지나도 변하지 않는
구슬이 될래요.
혹 발부리에 차일지라도
땅에 흩어지지 않는
아침 햇살과 함께
돌이 될래요.

만남은 우연은 없다

각기 다른 얼굴과 말씨
시간과 공간을 넘어
우연한 만남이 우정으로 뭉쳤다

어색함 속에서 손끝과 손끝이 마주칠 때
텃밭에서 방금 채취한 푸성귀 나물로
침샘이 고이는 된장국에
밥 말아먹듯 우리는 뭉쳤다

세상 삶이란
봄 햇살처럼 따스하지도
사랑스럽지만도 않았다
울퉁불퉁한 길이기도
소용돌이치는 강물이기도
때론 성난 파도가 되기도 했었다

이제는
지금
변함없는 향기로
심신을 쉬게 하는 자작나무처럼

그렇게 어울림의 숲이 되어
세상의 두려움과 질투
다 내려놓고
순수함보다는 끈끈한 인간미로
입속에서 튀어나오는 거시기한 농담들
목젖이 보이도록 웃을 수 있는
우리는
57년 좋은 친구들이다

잘 있었구나

오래
보고 싶었다.

오래
만나지 못했다

잘 있었구나!

그것만으로
고맙다 하고 싶다

봄날엔

개울에 얼음 녹는 소리
졸졸 흐르는 물이고 싶다

조랑조랑 방울 흔들며
귓볼 간질거리는
갯벌들 눈뜨는 봄이고 싶다

마른 가지 연둣빛
그리움 아니!
한겨울 눈 속에 피는
복수초의 따뜻한 사랑이고 싶다

홍매화 청매화 고운 미소 지으며
개나리 깔깔거리는 행복이고 싶다

무아의 곡선

거울을 보다
당황스럽게도
내 얼굴이 생각나지 않는다

희미한 거울 속 또렷이 보이는 것은
아이러니 하게도
수십 년간 공존해온 시간 뿐

걱정과 두려움에
에너지가 소진된 서럽던 날
기쁨이 되지 못하는 차안此岸의 경계

보름달에서
그믐달로 비워지는
푸른 날의 지문처럼
곱게 피어나리

사랑

물을 베어
떼어 놓을 수 있을까

칼로 베어
갈라놓을 수 있을까

다가오지도 않고
잡을 수 없기에
품을 수도 없는
그것,

오늘은
허공에 큰소리쳐 불러본다

사랑아

새벽을 여는 사람들

바다를 안고 살아가는 자갈치 사람들
사람들이 자갈처럼 와글와글 붐비며
새벽잠을 깨운다
밤 12시부터 아닌 0시가 되면
어김없이
생활의 터전 어판장을 가득 메운다

중개인의 손짓에
게가 먹이를 집어삼키듯 잽싸게
탐나는 어패류에 딱지를 던진다
희뿌연 여명이 저만치 올 때까지
장사치들에게 넘기기도 하고 팔기도 한다
"오이소! 보이소! 사이소!" 로그가
한겨울 휘휘 불어오는 칼바람이
훈풍이라도 되는 양
갯물에 퉁퉁 불은 언 손 서로 만져주며
희망과 꿈을 담은 짐수레
모퉁이를 돌아 나온 어둠을 밀어내며
새벽을 여는 두 불이

사과처럼 빨갛게 상기되어 집으로 돌아온다.

그리움

핸드폰 자판에 눈이 간다
주소록에서 이름을 찾아
먼저 불러 놓고

여름밤 하늘엔
저만큼 떠 있는 별이 있는데
거기까지만

지움

다시

고성 바닷가에
아니
전남 보성에도
부산 이기대에도
공룡 발자국 있는데

다시 지움

자연과 시간의 예술

시간과 공간을 넘어

모래와 바람과 햇살이
버무려진 자연의 조각품
어느 조각가의 못다 이룬 꿈이
환생을 한 듯하다

꽃이 되기도
양이의 발톱이 되기도 하는 사구
눈앞에 아롱거리는
아버지의 주름살 사이에
숨겨진 세월의 흔적을 말해 주기도 한다

사구는
만나고 헤어지고 돌아서면
기다림으로 설레는 마음
햇살 헤집어 눈 맞춤 하는
저녁노을 임 마중이라고 말하고 싶다

꿈

슬플 때는 말없이
가슴앓이를 해야 한다

어깨통증이 버릇처럼 느낄 때는
머리카락 같은 길을 걸으며
깊은 수면으로 가라앉아야 한다

귀먹은 귀뚜라미
창문을 두드리는 밤
백지 같은 하얀 두통이
수면제를 삼킨다.

사, 나흘
밤이 가고 낮이 온 듯
꿈인 양
빛바랜 사진 속에
창가를 기웃거리던
가을 하늘이 앉아 있다

여백

새벽 향기
아직도 뒤척이고
햇살이 내리는 바람 따라
개울물 소리 귀를 간질거린다.

흘러가는 구름에
마음을 색칠 하듯
세상 밖으로
세상 안으로
의미를 담아 본다.

어느덧
차마 보내지 못한
아쉬운
뎅그렁 풍경 울리며
비어 있는 여백
저녁노을 붉게 물들고 있다

에로스

사랑은 얄미운 변덕쟁이
믿음을 모르는 신기루

환영幻影을 끌어 않고
관념의 물결을
박음질하고 되새김질하는
에로스는 차안此岸의 경계

추억을 찾아서

공연장은
티켓을 든 사람들로 붐비고
정훈희 가수는
안개 자욱한 지나간 추억
흘러간 세월을 되돌리고 있다

이수미 가수는
여고 시절로 돌아가
첫사랑을 찾으며
코스모스 하늘거리는
드레스에 입맞춤하며
꽃보다 더 활짝 핀 얼굴로
자주색 가방 든 소녀가
펑퍼짐한 아줌마가 되어
수줍은 듯 흘러간 노래로
애절한 추억을 찾고 있다

티켓을 든 사람들은
첫사랑 추억을 찾고 있다

허상

잠자리 떼 빨랫줄 위로
노닐던 어느 날
시집살이 어설펐던 시절
장독대 돌팍 사이
채송화 방긋 웃어 위로가 되고

보이지 않던 세상길 걷다가
알면서도 모르던 존재
애哀가 닳아
명치끝이 아팠던 추억

오늘은
장맛비 소리 귓전을 때린다

봄빛

아직은 찬바람인데
홀연히 깨어나는 봄빛

겨울,
한 겹 두 겹
옷을 벗는 동안
꼼지락거리는 푸르름

흔적

만남은
설렘

이별은
추억이 되기까지
사랑

결국
잊은 듯
사라질 흔적

비워진 마음

어제도
그제도 비우고
오늘 또 비운다면서
내내 채워지는 하루

가슴에 소沼 하나
만들어 놓고
머리끝에서 발끝까지
이어진 육신
가면을 쓰고
채우며 살아가는 하루

손사래 치며
멀리하던 하루도
어느덧 곁에 와서
변치 않을 화두로
또 채워지고 있다

얼레빗

당산나무 둥지 튼 까치가
기쁜 소식 전하며 울던 날
한 올 한 올 머리카락 빗어 내린
쪽진 머리한 여인이 있었다

어설픈 시집살이 매캐한 재 냄새에
고향 집 안부가 목젖에 걸리어
앙가슴을 태우던 날
부엌 창살에 비친 햇살이기도 했다

동백기름 바른 머릿결
반질거리는 장독대 옆에서도
서방님 발자국 소리에 귀 세우고
성근머리 갈무리 할 때도 있었다

햇빛이 정갈하게 내리는 창문에 기대선
해맑은 숫처녀의 미소도
귓전을 때리던 여인의 한숨 소리도
이제는

세상 사람들의 기억 속에서

점점 잊어져 가는 얼레빗.

건널목에서

깜박깜박
노란색 경고등
빨간불이 켜졌다
한참을 그렇게 서 있었다

결국
그런 거야 그런 거
미련은 사치스러운 거야

봄은

저 어둠의 빛처럼
맑고 청명하게
그리고 따뜻하게
언제나 어머니 품속 같으다.

그러나
길게는 짧게
조심스럽게 건너야 하는 징검다리

아가

뒤뚱거리는 아가의
자박 걸음마 소리
두 팔 벌려
함박웃음 참지 못하는
엄마의 행복이지요.

아가의 눈에는
빨주노초파남보
꿈을 가진
무지갯빛 눈동자랍니다

아가의 손에는
달콤한 향기가 나요
꼬막 손가락 깍 깍 깍
엄마의 입속에서
노래가 되지요

가끔 배꼽을 간질간질
엄마 아빠 품속에 피는

꽃이랍니다.

무지개로 다시 빛나소서

돌개바람에 찢겨
위태로이 흔들리던 방패연 하나
툭,
끊어져 먹구름으로 사라진다

무엇이 당신을 재촉했기에
건강 조심하여라. 몸 아껴라
어깨 토닥이던 그 손으로
정작 당신의 이승 인연 줄 잘라 버리고
그렇게 서둘러 떠나야 했습니까

당신 벗고 간 육신은
흙으로 덮었지만
그 따뜻한 미소와 음성은 차마
함께 묻을 수 없습니다

덧없어라
발자국도 남지 않는 당신의 걸음
살아서는 이제 손잡아 볼 수도

마주 볼 수도 없는 것을

눈부처로 남은 당신의 얼굴을
눈물로 닦아서 가슴에 담습니다
이 누이 눈물 마르고 나면
저승 하늘 건너 이승에 닿는
무지개로 떠서 다시 오소서

질경이

무심코 밟고 지나간 자리
질긴 생명 하나
뿌리 깊숙이 숨겨둔 줄기를
듬성듬성 피워 올린다

자줏빛 꽃망울은
찢기고 찢긴
생채기를 지우느라
이마에 잔주름 만들며
상처를 남기지 않기 위해
피멍 자국 지우며 살아간다

가장 낮은 곳에서 살아가는
두둑한 배짱이 좋아
'배뿌쟁이'라 불리며
사랑과 희망의 제물이 되어
빛의 골짜기를 걸어간다

석모도 가는 길

바다를 떠나지 못하고
강화도를 지키는 석모도
은빛 날개 펼치고
장관을 이루는 갈매기
낭만을 찾아서 석모도로 가고 있다

던져 주는 새우깡
잽싸게 낚아채 가는 날갯짓
조선을 삼키려던
왜구의 발자국이 아프다
바닷물은 흙물로 변하고
까칠한 햇살만이
바다를 건너고 있었다

물빛은 왜 이리도 잿빛인가
운요호사건의 한을 풀지 못하고
가슴앓이로 살아온 삶이런가
비릿한 피 내음 허리 굽혀
수병들의 넋을 달래어 본다

폭우

하늘에 구멍이 뚫렸는지
빗발 빗발들 수직으로
세상이 튀어 오른다.

강은
몸집을 불리고
어제저녁부터
소용돌이로 찢겨진
둔덕을
핥고 지나간다.

행복한 공약

대파 송송 썰어 넣고
양념 한 숟갈 넣어서
김이 하얗게 피어오른
국밥 한 그릇에
밥 말아 먹으면 넉넉한데
거기다 소주 한 잔에
고단한 하루 내려놓고
함께할 수 있는 벗이 있다면
그게 서민들의 행복한 바람이 아니던가.

티브이에서
잘 입은 양복쟁이
알랑한 언어로
벗기고 벗겨도
껍질뿐인 허상을
얄팍한 혓바닥으로
누구를 위한다고
말랑한 공약을 들고
양파껍질만 또 만들고 있다.

허수아비

도꼬마리 발목 잡는
논두길 외면한 채
여름내 타오르던 정열이
구릿빛 사랑으로 변하고

오늘의 진실이
내일 허무로 파멸되고
어디선가 참새 떼의 모의가
앙금처럼 가라앉아

어설픈 넋두리는
억새꽃 바람 따라
마디마디 갈라지는
논바닥 사이로
부허연 안개처럼 사라지고

즐겁던 한 시절
세찬 바람을 거스르지 못해
시름에 묻힌 삶

침묵이 길이라며
허공에
날갯짓만 하고 있다

회화나무

살을 파고 들어간 쇠사슬에
아픔 고통을 고스란히 접은 채
삼백 년 동안 살아온
회화나무

천주교인들의 가슴에서
터져 나온 고문의 한을
마른 대지를 어루만지듯
기도의 끈을 놓지 않고

숭고한 영혼을 달래며
해미 음성에서
오랜 침묵으로
기도의 화신으로 살아가고 있다

들국화

산모롱이 전설 같은 길섶에
정겨운 두상화頭狀花로
피어난 너,
샛노란 화관을 쓴 주름진 입술
미세한 바람에도
향기를 파르르 토해내며
피어난 너,
낙엽의 잔해 속 풀잎의 흔들림에
숨소리 조차도
심장을 붉게 물들은
생존의 벼랑끝에서
조락凋落의 꿈으로
흩어지기도 한 너,
그러다 옷자락에 묻어난
순간의 그리움 만큼이나
빠르게 식지 않는 불길,
서글프도록 아름답고 소박한
너의 입술에
발길을 멈추고 말았다

• 2부 •

장맛비 내리는 날

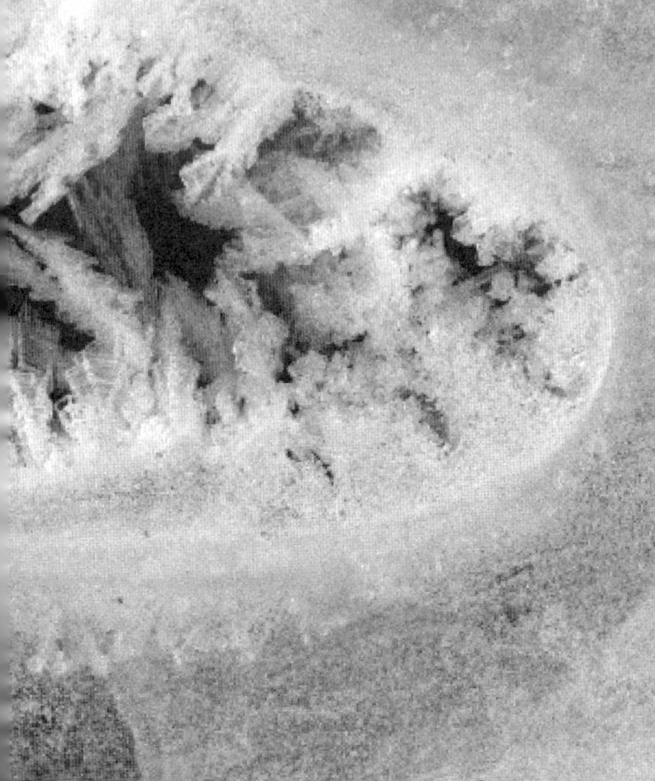

선망 환자의 하루

허기진 섬 하나
겉과 속이 뒤바뀐 허상
손가락으로 바다를 비우고

나무도 속이 비어 있었고
매미 소리는 더욱더
큰 소리로 속을 비우고

사물이 보이지 않는
유폐된 시간
수평선을 그으며
옹이 된 섬은
짙은 어둠 속을 비우고

뇌세포처럼 엉켜있는
수초들이 어지럼증을 참으며
졸음이 오는 오후
타는 노을 되새김질하듯
바다 물살을 또 비우고 있었다.

기도

가끔 타성에 젖어
겉돌기만 하는 마음 잡아
내일은
듣는 것 실천하는 용기로
아름다운 저녁놀처럼
오늘이 되게 하소서.

욕심의 무게를
측정할 수 없어
힘들고 고달팠던 어제의 기억
이제는
더 나은 삶을 위해
사랑과 용서의 기도로
도로의 푸른 신호등처럼
희망의 길
준비하는 길을
걸어가게 하소서.

금정산

금정산 숲길을 걸어가고 있다
바람이 손짓하는 북문을 지나
탁 트인 동문을 향하는 능선 머리에
남녀노소 발길이 끊이지 않는다

무엇이 이토록 산길을 붐비게 하는지
정치情致는 꽃이 피듯
사계절 구분 없이 타오르고
산길에는
부산인의 사랑이 익어간다

신선한 바람이 스며든
생명수 같은 힐링의 장소

금정산.

갯벌에도 집이 있다

갯벌에는
희망을 짓는 집이 있다
바닥에 배를 깔고 기어다니는
예술가의 집

진흙을 단단하게 쌓아 올린
굴뚝같은 집
항아리처럼 두리뭉실한 집
멋쟁이처럼 우쭐대는 집
두 개를 연결시킨
터널식 집
좌우를 감시하는 삐딱한 집도 있다

설계하고 시공하여
이웃 나들이에
새참을 나르기도 하고
새들의 발자국 따라
허물어진 집을 보수하며
도란도란 살아가는
갯벌의 생명체들의 집이다

수련

수줍던 얼굴
바람처럼 흘러간 세월
아기의 손바닥처럼
앙증스러움으로
또는
맞선 보는
고운 처녀의 부끄러움으로
볼그스레한 얼굴 내밀듯
네 마음 한편 작은 빛이
물 위를 걷는 보석처럼
금빛 수실壽室 두르고
길 떠나고 싶은 마음
묶어두고
달빛에 물들어 있구나.

그럼에도

열대야에
신기루의 세상을 그리며
목마름을 참는 들풀

장맛비에 녹아져
없어질 무기력함

그럼에도 불구하고
허기진 본성을 거스르는 자유

솔로몬의 휘장처럼
물들어 가는 가을

염전의 소요

출렁이는 바다가
속앓이를 하다
뭍으로 올라왔다

파도의 울음이
햇볕과 바람의 조화로
무에서 유를 창조되는 소요
쿨렁쿨렁
태아의 심장 박동처럼
태동의 움직임으로
물방울의 결정체로만
모이고 흩어지는 반동이
밤하늘에 반짝이는
태양계를 돌고 있는
은하의 꽃으로 피어났다

햇살의 따사로움에 기대어
물비늘의 아름다움이
별빛 튀겨지는 염전의 고요

낙동강

열 마디 말보다
생각으로 읽을 수 있는
내일의 꿈이 가득했던 낙동강

빈 바람에도
그리움 되어
물결 위로 숨어든 까칠한 손등

강기슭에는
해 질 녘 삽자루 울러 맨
저벅저벅
아버지의 발걸음이 거기 있다

두레 밥상

잃어버렸다
텃밭에서 방금 채취 해온 푸성귀
어머니 손가락 사이로
조물조물 베어 나온 손맛,
그랬다
주린 배를 채웠던 시절
꽁보리밥 맑은장국에도
밥 한 그릇 뚝딱.
어쩌다
생선 토막이 밥상에 올라오는 날에는
남매들 간에 젓가락 싸움,
생선구이는 게 눈 감추듯 사라졌고
입 삐쭉 내밀며 삐치기도 웃기도 하던
소곤소곤 햇살 소리만큼
따뜻한 두레 밥상
오늘은
잘 차려진 식탁에서
배가 고프다
먹어도, 먹어도,
허기진 배를 채울 수 없다

잘 차려진 음식만큼
가족은 줄어들고 흩어졌다.

들판에 서면

찬바람에 터져버린 손등이 터져
피가 베나와 따가움도 잊은 채
호호 불며 자치기하고 고무줄 하던
진경이 인석 상국 필숙 옥선 다선이
또 누구더라
아물거리는 기억 속 이름들
논배미가 운동장이 되어
막대기 하나 고무공 하나로
야구놀이 하던 모습이 그립다
누른 코 입으로 들어갈 때쯤이면
옷소매에 훌쩍 닦던 친구들
옷소매 끝이 반질거리고
눈동자도 반짝거리며 얄궂게
달려드는 머슴애들에게 지지 않으려고
단발머리 가시네들
보고 싶구나!
하늘에 떠 있는 구름도
차갑게 지나가던 바람도
터져 나오는 웃음 참지 못해
발길 멈추던 어린 시절

추운 줄도 모르고 해와 친구 하며
논배미 하나 가득 식식거리던 열기가
프리즘빛 추억이다

솥발산鼎足山에서

배낭을 둘러맨 마음은
하늘을 머리에 인 솥발산처럼
이 산 저 산 걸쳐 다니며
첫 산행길은
돌 틈 사이에서 흐르는 물소리
나뭇잎 사이로 부는 쏴-한 바람 소리도
상쾌하게 정상을 찾는 길은
구름과 함께 즐겁기만 하다

정발산을 벗어나려면
얼마나 돌아가야 하는지
삐죽삐죽 내민 험한 길을 가야 하고
꽃을 피우며 수줍음을 앓고 있는
숲도 지나가야 한다

정발산에서
배낭을 메고 계곡을 따라 길을 찾는다
시행착오를 거듭하면서
살아가는 내 삶의 길처럼…

세탁기 앞에서

햇살이 부셔 감은 눈 속에
또렷이 보이는 너는
영혼을 볼 수 있는 나였다

널 볼 때마다 구원이 되는
믿음의 세상이라고 했다
빨래는 이미 헹굼까지 마친 후
탈수 버튼이 넘어가고

갑자기,
이쪽저쪽 벽을 때리는
쿵 탁거리는 탁음 소리
그것은 나의 자존심을 건드리는
에러Error라는 붉은 영문자였다

오늘은
생이 손 앓아 손톱이 빠지는
고통을 요구하는
단절의 순간이 왔다

백리포

만리포 지나 천리포 옆
갑자기 나타난 작은 포구하나
잔물결은 햇살이 펼쳐놓은
은색 치맛자락 곱게 일렁이고
바다 한가운데서 태어나
작은 마을을 끼고 자란 백리포

바구니에 호미 들고 조개잡이 하는
아낙네의 발자국 진동에
작달막한 게들이 귀를 쫑긋 세우고
먹이를 먹다 재빨리 구멍으로 도망을 간다

한가로이
모래밭에 발자국 그리며
쪼아 먹는 새때들의 눈망울
밀물은 저 혼자 밀려오라고 한다

이마에 세월의 흔적이 담긴
백리포 사람들
모래사장에 그물을 펼쳐놓고

오늘도 한 땀 한 땀
희망을 깁으며 살아간다.

산사에서

장삼을 입은 연화산은
안개를 벗지 못한 번뇌로
화엄경을 열고

바람 한 자락
진눈깨비 흩날리는
모퉁이 서성거리다

은은하게 울려 퍼지는
풍경 소리에
욕심 하나 움켜쥐고
山門에 머물고 있다

그림을 그리며

산기슭 차갑게 선바위는
해 질 녘 노을빛보다 더 강한
가슴앓이를 하고 있다

골 깊은 곳
적란운 작은 알갱이들
바위에 부딪혀 부서져
떨리는 목소리로
뜨거운 신열에 휩싸여 있다

스케치북에
못다 그린 그림 하나

세상 밖의 영혼들과
옛꿈의 유령처럼
시간의 퇴적층에 눌리어
오버랩 되어 있다

나무는

꽃은 음계가 없는 대신
연하게 화장을 한 향기로
이슬 한 방울 함초롬히 모아
높은음자리표 그려놓은
미완성의 악보 앞에서
내일의 꿈을 연주하고

나무는
땅속에 뿌리내려
무수한 잎들이 떨어진 뒤의
공허함을 메우기 위해
바람의 숲에서
묵향에 붉게 스민
신음 소리만큼 긴 기도문으로
미래를 여는 창창한
깃발을 흔들고

누가

풀잎이 흔들릴 때는
묻어 두었던
고향 집이 생각난다.
어깻죽지 들썩이며
바짝 마른 콩깍지
튕기는 햇살에
누가!
날아가는 세월 잡았냐고 물어오면
푸석돌도 단단해 보이고 싶다고
말하고 싶다

파도

태초에
물과 바람이 빚어낸
파도는 바다의 속살이다

오묘한 빛깔과 곡선이
부르는 노래
웅장함과 신비로운
음률로 다가온다

바다는
때로는 온화하기도
때로는 무섭다

파도는
순수하고 강렬한 절규가
바라춤의 의식으로 피어난
영롱한 기도의 꽃이라 하고 싶다

바위

움직임은 없지만
만고풍설 억겁 세월
뒤척임의 기림이었다

지각 변동의 흐름이
무지개를 주물러
피카소의 그림이 아닌
추상화로 피었다

어쩜
바위를 찾는 것은
또 다른 나를 찾는 것과 같다

허물 많은 삶
검버섯으로 피어남보다
한평생 속앓이의 길을 지우며
희로애락으로 숙성된 길을
어제를 되돌아보며
오늘을 걷고 싶다

장맛비 내리는 날

어제도 오늘도
물안개를 동반한
장맛비가 지루하게 내리는 날
토닥토닥 자장가 들려오고
꿈을 몇 개나 꾸었을까
책장 속 먼지는
부화할 날만 기다리고 있었다.

타향에서

물안개 자욱이 피어오르네!

그리움도
욱신거리는 치통일까

여명에 띄우는
형제자매의 편지일까

바람에도 꼼짝 안 하고
날아가는 저 기러기
멱살을 잡아서

또박또박
내 소식 적어준다.

탱자나무 울타리

탱자나무 울타리
꼬막손
꽃 한 송이

삶의 길목에서
바람이 출렁일 때마다

유달리 가시가 많은
하얀 꽃 대궁에
지워지지 않고
핏빛보다 더 붉은 그림자

하얀 무명수건
입도 열지 않고
대답도 없이
면벽한 바람을 다독인다

고리

바람은
부는 것만으로도
아픈 고리를 풀어 버릴까

어깨 위에 쌓이는 무게 따라
조금은 엇갈리는
삶의 고리

풀어 버릴 수 없는
그리움과 아쉬움도
결국
풀리지 않는
조금은 느슨한 고리

해변으로 가자

외로움이 밀려오는 날
그럴 때에는
해변으로 가자

격정激情의 계절
여름이 지난 해변은
아주 먼 옛날에도 그랬고
먼 훗날에도 그러할
갈매기는
기도 같은 낭랑한
목소리로 읊조린다

집도 세상도
마음이 허허로운 날엔
동해의 해변을 걸어 보자
곰삭은 장맛 같은 검푸른
위로慰勞의 바다가 거기 있다

나뭇잎 연서

해변의 부딪히는
해맑은 조약돌의
마찰음

질투 같은
파도가 되었다가

구속된 여백을
행복이라 하기도 하고

낮을 밤으로 알고
해역을 넘나들며

바람의
기도 소리 짚어보는
나뭇잎 연서

커피를 마시며

습관처럼 마시는 커피

여운으로 남아 있는
다갈색 향기
찻잔 가득히 피어오르고

그건
다이어리에 젖혀있는
잊은 지 오래된 세월
낯설지 않은 전설 같은 것

생각하니
찻잔 밑바닥으로 가라앉는다

낮은 물살에
존재를 확인하는
순수純粹 감성을 세우는
잔잔한 미소였다

풍경

이슬방울에 드리워진
무지개의 빛깔로
일상의 조각들을
귀 기울여 들어줄 언어

풀벌레의 애잔함이
지친 육신 함께할 수 없는
인고의 세월 자리 잡고 있다

아름답기도 하고
더러는 억척스럽게
주름진 눈자위에
젊은 날의 언약보다 깊은 고뇌가
365일 언제나 뒤척이던 세월

화려하지도 않은
부드러운 천으로 감싸듯
조용히 휘장을 내린다

태풍이 부는 날

밤을 부르는 구름 사이로
달빛이 조금씩 얼굴을 내밀었다가
또다시 감추기를 반복하였다

어쩌다 보이던 달빛도
먹구름 속으로 도망을 치고
미친 듯이 달려오는 바람이
살점을 쥐어짜듯
괴성을 지르던 울부짖음이
업겁業怯의 한恨을
양동이로 퍼붓듯 쏟아내고
대지는 흙탕물 바다가 되었다

몸무게를 감당할 수 없는 공포에
나무들은 몸서리를 떨며
한없이 초라해지는 모습에
한숨을 삼키며
결국,
길게 뻗은 신작로 위에 몸을 눕히고 말았다

어느새 어슴푸레 밝아오는 새벽하늘이
고요한 모습으로
평화로운 얼굴을 내밀고 있다

• 3부 •

세월의 잔영

가을 초입에

젊은 날
성실한 게 무기이고
꿈과 열정은 비례한다는 것을
먼 산은 안다고 했다

주변을 맴도는 바람
가을빛에 물들어가는
추억의 빗장을 열어보니
허공에서 쏜살같이 내리는
먼 시간
비어 있어 넘치는 무상無上
한 토막을 떠올려본다

어젯밤
나뭇잎에 살짝 숨어든
가을,
로맨틱한 젊은 날의 꽃으로 보인다

무無

억겁의 윤회 속
인연은 다시 태어나고

깨달음의 경지는
미세한 움직임에도
차갑게 무너져 내린다

채워도 깨우쳐도
깨우쳐지지 않는
세월의 잔영

부처님 앞에 가부좌한 옷자락

사구에 살다

엊그제 내린 비에 젖은
나뭇잎처럼 촉촉한 젊은 날
삶의 공식은 풀리지 않고
물기 없는 바람만
얼굴을 스친다

모래알 하나 눈을 부비며
언덕을 가리킨다
바람이 실어다 놓은
작은 모래언덕
물기 하나 없어 보이는 곳
조그맣게 움직이는
생명체와 연둣빛 잎새들이
소담스럽다

버리지 못하고 움켜쥔
삶의 여정
쉼표를 찍는다

상흔傷痕

말미잘처럼
살아가는 너의
빛을 차단하고
통증을 참아내며
이제는 이별을 해야겠다.

캄캄한 굴속에서
전조등 불빛을 따라
달려 나오는 너의 실체를 보는 순간
몇 배의 안타까움에
구토증을 삼킨다.

몸 한구석에서
수없이 노크를 하였겠지만
문고리 꼭꼭 잠그고
다른 곳으로만 바라보았다는 사실에
휑한 바람을 타고
붉은 상흔을 남긴다.

상고대

영하의 겨울
길을 걷다
찬 기운이 목줄을 타고 내리는 날
바람의 손을 잡는다

금방이라도 사라질 그리움에
숨이 막힌다

바람의 공기와 수십 번
중첩된 스침이
정해지지 않은 생동감으로
오롯이 투영된 매력

숨겨두었던 보석처럼
까꿍, 나타난
몰입할수록 신비한

너!
상고대

아픈 손가락

만져 보아야만
존재를 알 수 있는
막내아들
밤낮으로
무병장수 기도하며

앉은 자리 선 자리
혼자 두지 못해
깜깜한 새벽길
달빛도 서러워
치마폭마다 눈물자국

내 죽어도
네 어찌 알랴
물을 베어 낸들
떼어 놓을 수 있을까

그 아픈 손가락

운조루雲鳥樓에 앉아

가난한 사람들에게
끼니를 내어주던 타인능해他人能解
깊이 팬 몸체를 드러내고
먼지만 마시고

기다리는 주인은 오지 않으니
참새 몇 마리 빈 독만 쫓다가
어디론가 날아가고
구름도 빈 뜰을 쓸다 지쳐
바람 따라 떠나가고

정화수 떠 놓고 정성 모으던 종부는
행랑에서 초점 없는 눈동자로
종자를 얻고자 나그네에게
손을 내밀고 있었고
칠 년 동안 가물어도
농사를 지을 수 있는 종자를
구입할 수 있는 기대감에
사람들은 줄지어 모여들었다

자신이 타인처럼 느낄 때

어느 날 길을 가다
자신이 타인처럼 느낄 때가 있다

과학자는 모래알을 불에 달구어
투명한 액체를 찾아내고

사진작가는 미세한 바람에도
역동적인 파도에서
학춤을 추는 무위의
섬세한 선을 찾아내기도 한다
눈雪의 결정체 속 미세한 움직임에
동화나라를 그려보기도 하고
안개 속 비밀을 캐내려 애쓰는 것 같았다

어느덧 내 나이 가을
바람이 불어오는 것을 모르니
물이 흘러가는 자연의 본래적 성향과 방향을
자연스럽게 따를 수밖에 없는 것처럼
삶 또한 그렇다고 생각되어진다

이 가을에

등 굽은 내 어머니
호밋자루
5남매 얼굴 떠올리며
묵정밭 일구었던 텃밭

깊어지는 이 가을
천상의 옷 걸쳐 입고
마른 꽃 대궁
억새꽃 휘날리며
무명수건 묵정밭 일구셨던 흔적

진눈깨비 내리던 날

딱 그만큼
사랑하며 살자던 세월

골목길 어귀에
환하게 퍼지던 네 목소리
깡마른 철문 앞을 서성거리듯

종종거리며 달려온 시간
잡지 못하고
진눈깨비만 하얗게 덮고 있네.

낙엽

여름은
숱한 얘기를 남기고 떠났어요
긴 여름날의 고뇌가 떨어져 나갔어요
소슬바람이 불고 있네요
저 멀리 고즈넉하게 펼쳐진 산과 들도
깊은 밤
귀뚜라미의 울음소리 같은 순수를 전하네요

나는 슬픔이 꾸역꾸역 차오르는
바람 소리에 놀라
사각거리는 소리 어쩔 수 없어
먼 곳으로 떠날래요

떠돌이의 슬픈 혼을 노래하며
허무를 쓸어안고 어디론가 떠나고 싶어요
하지만 떠나지 않을래요
오래 묵은 그리움과 함께
희미한 추억으로 옷을 벗어 버린 가지가
봄을 기다리듯

아픔을 머금은 채 긴 겨울의 고독을
눈발과 함께 차분히 기다릴래요

가시나무새

사랑하고
기도하고
더욱 사랑하고

애환哀歡이 옹이가 된
따뜻한 체온 녹여 주지 못해

질기고 질긴 세상인심에
빈껍데기로 남아도
모진 마음 다독일걸,
온몸으로 부딪는 삶
한순간이 아프다

석양이 내리던 날

강둑에 앉아서
토끼풀 화관 쓰고
모래 밥 지어놓고
풋사랑 익어 가던 날

보리피리 소리
돌 틈 사이로 피어나는
홀씨보다 가벼운
하얀 민들레의 꿈 익어갔다

석양이 내리던 날
노을빛,
눈언저리 물들이고
강물에 내려앉은
산허리도 함께 물들고있다

세월

햇살이 꽃이 되고
바람은 향기가 되니
벌 나비
춤을 추던 자유로운 세월

비 내리는 날
낙숫물 소리도 경쾌하던 날도,
고추잠자리 하늘 맴돌다
장대 끝에 정사가 이루어지던 세월

동박새 몸짓에
동백꽃 뚝 떨어져 피를 토하던 날
첫사랑 떠났고
행복했던 인연들도 떠나니
한나절 햇살에
몇 계절이 지나가고
주름살만 늘어났다

버리려야 버릴 수 없는 얼굴엔

검버섯이 하나둘
고향 집 담벼락은
지금
골다공증을 앓고 있다

영하의 날씨에

겨울 개울가
영하의 바람을 만나
물안개가
깡마른 풀잎에
별빛이 내려앉은 듯
비상을 꿈꾸는 새가 되기도 하고
물결은
문짝을 뚝 떼어다 놓은
빗살무늬가 되고
낙엽은
세상에 없는 무지갯빛 꽃이 된다

물안개의 기류는
새의 깃털이 되기도
물살의 흐름에
공기가 물속에 살짝 숨어들어
생명이 주체할 수 없는
용의 꿈틀거림으로 출렁 이기도 한다

관심을 갖지 않으면
쉽게 놓쳐버리는
신비하고 묘한 빙화氷花
인위적으로 만들 수 없는 신기루
소멸과 탄생의 경이로움이
때론 애벌레가 되기도
산모의 태동을 느끼듯 포근함도 있다

바람이 첩첩이 스친 영하의 예술품

낙엽처럼

낙엽처럼
떠나고 싶다

버스나 기차를 타고
주름살 두꺼운
아주머니가 말아 주는
국밥 한 그릇도 좋겠다

오후의 햇살
강물 위에 펼쳐놓고
꼭꼭 숨겨 두었던
눈꺼풀 물들이는
낙엽처럼

스모그

꺼지지 않을 스모그를
Content with 로
환영幻影처럼
웅크리고 앉아
시간을 태우고 있다

센바람은 온종일
방패 막 없는
묵언默言을 밀어내고

한고개만 넘으면
태풍을 피할 수 있는데!

타고 있다
바람 불어도 꺼지지 않을
세월이 타고 있다
달짝지근하고 맛없는 시간이
손과 혓바닥을 무디게 하여
폐부 깊숙이 태풍의 눈을 만들고 있다

호박죽

부엌 창에 내린
겉보다 속이 더 붉은
노을 한 자락

저물녘
붉게 솟구쳐 오르는 호박죽
일 년 내내 뒤척인 태양
농익은 단내가 온 집 안에 퍼진다.

세월의 잔영

수컷은 부리 하나로
외진 골짝 하나를 만들었다
비닐 조각 얼기설기 지붕을 이우고
생활보호대상자에서 제외된 암컷은
새끼에게 젖을 물리고
비가 내리는 텔레비전을 보고 있다
바람 소리가 벌집을 쑤셔 놓은 듯
미쳐 날뛰고
비닐지붕은 살점이 찢어진다고
아우성을 친다
암컷은 날개를 펼쳐
새끼들을 품 안에 가두고
안식을 서두른다
질퍽질퍽 취기에 헛발질하며
먹이 찾으러 간 수컷의 허리춤엔
먹이 대신 술 한 병 비틀거리고
나무는 뿌리째 나뒹구는데
텔레비전은 말이 없다

산사에서

태양 볕이 따가운 가을 햇살에
몸살을 앓던 낙엽은
여기저기 흩어지는데

매매의 욕망은
진종일 고추잠자리처럼
하늘을 맴돌고

단층색 극락보존 풍경소리
숲속의 울림과
바람 소리로
음악이 되고

비로자나불 앞
여인의 기도
창호지에 비치는
햇살이 듣고 있다.

입추가 지나고

입추가 지났다고
손가락 사이를 헤집고 내리는
햇살이 수정체를 지나
아스팔트 위에서 이글거린다.

밤마다 열대야는 요동치는데
머지않아 다가올
볼그레한 사과 빛
가을 기다리며
일렁이는 별 그림자에
그래도 입추가 지났다고
작심을 하고 가슴에
두 손 가지런히 모은다.

제발!

인각사* 단상

왜 이리 비가 오는지
살을 에는 추운 날씨에
마음마저 아파온다
자식이 무엇 이기래
비신을 갈아 마셨단 말인가

눈 코 입 다 뭉그러져
흔적만이 남아 있고
몸마저 일그러진 석불 한 분
보호 각에 갇혀서 아파하고 있다

일연 스님의 통곡 이런가
나목裸木마저도
전설 같은 이야기를
바람 소리로 털어 내고 있다

부처를 버리고
다시 돌이 되리라

*오래전 다녀온 허허로운 인각사를 지금은 불사를 하여 많은 불자님들이 기도처로 찾는다고 합니다.

내 나이 가을

햇살이 내려앉은 억새밭
은빛 물결로
머리카락 날리는데

고운 단풍잎에
연서 한 장 적어
저 노을에 붙이면

아직도 소식 모르는
오래전 헤어진
내 친구에게 도달하려나.

넋두리

한낮 따가운 햇살에
날 세운 후광을 보았다.

살아 숨 쉰다는 것조차
어설픈 넋두리가 되어 버린
널브러진 삶

부정적 관념만 머릿속
음각된 인연의 굴레
텅 빈 산허리를 채우고,

무시로 울대를 세우는 고통
섬뜩하리만큼
피가 역류하며
거꾸로 가는 세상
얼음 속 박제된 환영을 보았다.

침묵으로 쉬고 싶은 계절에

티브이 속 세상
허기진 배를 채우고
형광등 불빛은 밤새 깜박이는데
헝클어진 머리카락 속
도둑괭이같이 비릿한 냄새를 풍기며
두통을 일으키며 구역질을 하고 있다

잊을 만하면 또 일어나는 현상
탄식하는 핏줄을 끌어올려
두 손으로 눈을 가린 채
허깨비 같은 분열을 본다

하늘도 태양도 그대로인 날에
어기찬 심장은
침묵으로 쉬고 싶은 계절에
굽히지 않는 자존自尊을 벼리고 있다

눈

먼지는
소리 없이 쌓여
지나온
세월을 말하고

눈은
그 세월을 덮는다

• 4부 •

바람 소리가 가파르다

숟가락

가장 가까이 두고 살던 것들 중
하나 어루만져 본다.

허기진 세월 가뭇없이
행여나
너를 무시해 버렸나

내 몸 들피질까 봐
오늘도 내일도 끼니마다
들락거렸나 보다

무심코 지났던 일들이
문득 새삼스러울 때가 있다

힐링이 따로 있나

하루의 일과를 마치고
버스를 내려서 터벅터벅,
언제부터 그랬다
현관문을 여는 순간
어둡던 집안이 환하다
그는 눈을
반짝이며 반긴다

50m 아니 100m부터
깨금발 세워
두 귀의 청각을 세워
내 발자국 소리 듣고 있었던 것이다

그래 힐링이 따로 있나
네가 등불이고 힐링이지

옛집

어머니가 살던 옛집은
세월에 시달린 서까래가
거으름에 물들어 있었다
누렇게 빛바랜 벽엔
눈에 익은 유년의 전설이
에메랄드빛 겨울 바다 같은
외로움이 활자 되어
문풍지 틈새를 들락거리고 있었다
속삭이듯 손을 내민 행복했던 삶
유성처럼 추락하며 떠나갔다
들풀들은 바람에 취해
누웠다 일어서기를 반복하고
풀벌레는 알아듣지 못하는 이야기로
생채기를 앓고 있었다
잊혀진 겉모습은 없어지고
목마른 기침 소리
부엌문 사이로 들려올 것만 같은
어머니 목소리,
삶은 곡예사처럼 살아가는 거라고
길고양이가 넌지시 일러주고 떠난다

노점상 국수 한 그릇

사는 것이 힘들면
재래시장 한 귀퉁이에서
잔치국수 한 그릇 먹어보자

아주 작은 공간에
엉덩이 하나 의지하며
보자기 덮어씌운 다싯물 통에서
국수 한 주먹에
국물 한 바가지
고명으로
김치 단무지 총총 썰어 부추나물 얹어서
양념장 한 스픈 넣어주는
무명수건 덮어쓴 할머니

주름살 깊어
미처 열지 못한 마음 문
환한 미소로
세상 따뜻해지는
노점상 국수 한 그릇

친구의 넋두리

어둠이
저만치서 까맣게 달려온다.

육신을 쥐어짜는 인내,
하고픈 말도 많은데
마주하는 눈빛이 허공에 걸려
공허한 헛기침만 나는구나.

지나온 시간 속 잊지 못할 우정
뒤돌아보니
왜!
이렇게 아쉬움만 남는지
한 번쯤 멋지게 살아보고 싶었는데
아직도 사랑할 기력이 남았는데
고통과 함께
조금씩 좁혀 오는 종착역,

지금 스며든 지나온 삶!
아름답도록 혼자라는 게
휑한 두 눈 속에 머문

이별보다 더 뜨거운 우정
친구여
사랑 하는 나의 친구들이여!

지금 정지 버튼을 누른다

삶은
바람에 부딪히며 나타나는 생채기

가시밭 긴 이랑
적은 수확이라도 기대하며
해거름을 쫓으며
절뚝거리는 다리의 통증 참으며
수확도 없는 타인의 밭에서
가만히 있지 못 하고
난타장단연주에 춤을 추었다.

구경꾼 없는 장단에
명치끝이 아려오고
거름 아끼지 말고
인심 좀 쓰라던 경작과 삶
아직 읽지 못한 초탈
알쏭달쏭한 언어들만 흩어지는데
되새김질하며 내리는
비답!

감정 계좌 지금 정지 버튼을 누른다.

길가의 소요

햇살 맑은 언덕배기
개똥쑥
배고파하는데
저 땡벌놈이 더 많이
배고파한다

길가에 사데풀
어제부터 목이 타는데
하늘은 물 한 모금 줄
생각이 없다 했다

저만치 앞서가는 바람
훌쩍 지나가며
지체할 시간 없으니
빨리 따라오며
발걸음을 재촉한다

그때서야 식당 문이 열린다,

뜨개질을 하며

어제는 만나고
오늘은 헤어지고
내일 또 만난다.

삶이란 단어 속에
버릇처럼 엮어져 가는 사슬
손가락 찔리는 아픔도
완성의 순간을 위해
헤어짐의 미학도
만남의 전주곡
인연의 굴레에
뜨개질을 한다.

목선

쉴 사이 없이 파도는
손을 뻗어 보지만
좀처럼 닫지 않는다.

햇살이 바다의 수면을
붉게 물들일 때
어둠이 내리기 전
바다로 나가야 한다

터벅터벅 걸어가는
저 갈매기에게도
바람의 옷자락을 붙들고
움츠러드는 썰물에게도
너털웃음 지어 보이며
항해를 부탁해 보지만

세월에 짓눌리어
질퍽한 사랑을 풀지 못해
일어서지 못하고
갯벌에 발 묶인 채 홀로 서 있다

바람 소리가 가파르다

뭉툭했던 무릎관절
언제부터인지 금이 가 있었다

방아질 소리 길을 찾을 때
단단했던가!
닳아 빠져도
녹아 버려도 무딘 감정
단 한 번도 격노조차 하지 않았다

일어서려니까
이번엔
허리가 토닥여 달라 앙탈이다
이젠
힘듦도 허공에 내려놓을 시간
문밖
바람 소리가 가파르다

불면증

핏발이 곤두선 흔적이
어둠을 노래하며
머릿속을 어지럽게 흔든다.
컴퓨터 자판 위로
홀로된 자아가 떠오르고
더욱더 또렷한 낱말로
밤바다 파도처럼
자판을 두드리며 길을 만들고
뇌세포 속의 길을
또박또박 걸어간다.
의식으로만 존재한
허수아비 같은 세상
태양을 잉태하는 제국을 그리다가
팔 하나, 다리 하나,
오장 육부를 다 먹어 치우고

거부당할 영혼조차 없으면서
때론 난폭하게
때론 경건하게
때론 온화하게 살아간다.

이 세상에 제일 완벽한
그림을 그리다 만 화가처럼
멈춰버린 마우스 동작 앞에
나는 몇 시간째 머무르고 있다.

태종대 자갈 마당

갯바람에 바래진 태종대 자갈마당
빨아간 고무 함지박에
멍게 해삼 등 해산물을 파는 아주머니
이마에 잔주름 억지로 펴 보이며
소주와 함께 사람들을 유혹한다
멍게 한 접시 시켜놓고 고추장 듬뿍 찍어
입속에 넣어주는 닭살 커플
옆 사람에게 디지털카메라를 부탁한다.
파도는 추억을 미화시키지도 않았고
사랑을 음미하지도 않았다
또 다른 사람들은 의미意味를 담은
소주잔을 부딪으며
위하여 위하여를 외치고
갈매기는
그들의 소원을 물고 날아간다.
어떤 이는 연이어 마신 술로
삶에 지친 한숨을 다 토해 내고
얼굴엔 장밋빛보다 더 붉은 웃음꽃이 핀다.
오래전 사람들의
웃음과 한숨을 마신 바다는

연인의 살결 같은

고운 윤슬로 출렁인다.

어부바

아빠가
어부바하고
딸아이 깔깔 거리는 소리
하늘은
모래사장에
어부바하고

모래사장은
바다에 어부바 하고
파도는
Joy! Joy! 를 외친다.

우리들은
서로 악수 하며
사랑해!
사랑해 합니다.

어느 와당瓦當 미소

바람이 미소를 지으며
세월 쌓인 천년의 얼굴

차라리 이름 없는 돌이 되어
다시 천년을 기약하자며
넌지시 웃어 보이는

천년의 넋

열무김치를 담그며

살얼음 사각사각한 3월
텃밭에 씨를 뿌린 열무가
냉기를 견디며
부들부들 잘 자라 보기가 좋다

오늘은 이것을
뿌리째 다듬어
찹쌀 풀을 끓여
매실 엑기스와 갖은
양념을 넣어 김치를 담았다

잘 익은 열무김치를
손가락으로 집어
하얀 쌀밥 한 수저에
고봉으로 얹어
상추쌈을 먹듯
맛깔스럽게 먹던 그때

손가락에 묻은
양념조차 쪽쪽 핥아 먹고는

정말 맛있다며
함박웃음 웃던 그녀

부산과 충북 음성
너무 멀다

사물놀이

장구 소리
덩 덩 덩더궁
뿔피리 소리 필 릴리,
징은 신을 깨우고
꽹과리는 마중을 나가듯
장구와 북을 불러낸다
상모를 선 꽹과리
관중의 추임새로 피어나고
빙글빙글 온 우주가 하나 되어 돌아간다

꽹과리와 장구가 마주 보는
덩더꿍 소리는
하늘의 신을 불러 내리고
땅의 신을 끌어내어
비나리의 씻김굿으로
화합의 장단을 울린다.
관중의 마음을 휘어잡는
춤사위가 둥실둥실
땅의 신도 잠재우고
달아나는 잡신도 잠재운다

덩 덩 덩더궁 덩 덩 덩더궁
신명 나는 어울림의 한마당

순천만서

순천만을 도강 중이다.

눈먼 짱뚱어 산 중턱 올려보며
먹이 찾는 걸음
바삐 움직이고,
들락날락 쏘다녀야 할 운명
안테나 세운 게들은
곁눈질하며
파르르 떨리는 입술 사이로
돌돌 말린 인내忍耐를 표출한다.

함초밭에 주저앉아
흘러가기 거부한 안개는 잠이 들고
엉킨 매듭 풀어내는
사람들은 물결을 껴안으며
또 다른 풍경을 만든다.

갈잎의 사래질로
해넘이를 거부하지만
어디선가

클라우디스의
자장가가 들려온다.

문패

언덕을 오르던
무정한 세월
버릴 것 없이
아둥바둥 살아온 아버지

등 굽었던 허리 펼 때마다
발꿈치 따라오던
허튼 잡는 다 제쳐두고
서슬 퍼런 혓바닥 휘두르며
어둠을 쫓아
목구멍 풀칠하던 힘마저
다 쏟아부은 채
유난히 청백하게 살아온 아버지

이제야 살만한 언저리
작은 대문 넓혀놓고
식구들 이름 꾹꾹 눌러 적어 넣은
작은 문패에
깊이 팬 주름 환한 얼굴

어머니

쏨바귀는
허튼 숨 한 번 제로 쉴 새 없이
올곧은 삶을 위해
결각엽 하나 숨겨두고 있었다.

절량의 그루터기에서
말없이 돋아난 가시처럼
한평생 살아온 세월이
하늘 마당을 이고
서투른 빗질을 하고 있었습니다.

오늘 아침에는
빛바랜 머리카락을
두 손 모아 빗어 내리고
세상과 동떨어진
원시의 모습 그대로
서성거리는 삶을
눈물로 빗어 내리고 있었습니다.

가오리연

가오리 한 마리
바다도 아닌데
하늘을 헤엄치고 있다

저놈의 가오리
예쁜 머리핀 나풀나풀
머릿속 여백을
요염한 웃음 퍼질러 놓네

신神 굿

내림굿으로
무당이 되지 못한
네 어미는
하늘가는 길목에서
천국과 지옥을 오가며
이승을 떠도는 혼백을 위로하고

같은 하늘 아래
기쁨이 되지 못하고
원한을 낳은 검붉은 눈동자
너는 누구인가

천군만마를 거느리고
부족한 욕망을 위해
요란한 칼춤이
아군을 점멸시키고
번개를 붙잡는
어둠의 목소리로
너는
광대처럼 신 굿을 하고 있다

또 다른 세상

습관처럼 컴퓨터에 손이 간다.
창을 열면 각종 뉴스
지식 창에서 생활 정보까지
그렇게 기웃거리며 살아간다.
어제도 오늘도
얼굴은 볼 수 없지만
살아온 거리만큼 고정된 생각이
또 다른 삶의 불을 켠다.
카페 또는 블로그에 글을 올리고
댓글을 남기면서
세상의 뉴스와 또 다른 삶에
심장에 펌프질을 하며
마우스에 먹이를 주면서
참새 떼처럼 콕 콕 콕
쪼아 먹으며
피그말리온의 효과로 살아간다.

생굴

자갈치에 가면
생굴 까는 아낙의 손놀림이 분주하다.
굴을 까다 말고
굴 하나
흐르는 물에 흔들흔들 흔들어
"요즘 굴이 제철이라예"
나그네 입에다 쏙 넣어준다.
짭조름하면서도
감칠맛 나는
기막힌 향기다
아낙의 손놀림이
까만 봉지 하나로
집으로 따라와
가족들 얼굴에
우윳빛으로 피어난다.

단상

외딴집 낡은 대문 희미한 이름
삭발을 하고 승복을 입고
정신적으로 거듭 태어나는 율법
발우가 들어있는
가방 등에 메고
칼바람이 얼굴을 에이는 겨울이나
땀이 목줄을 타고 내리는 여름에도
법문을 읽듯 집집마다
문짝도 빗장도 알지 못하는
깨달음에 코끝이 시리다,
밤이면 잠들지 못하는 물고기 한 마리
탁발의 길은 그리 만만치 않다고 한다
부처님 앞에 엎드려 기도드려도
깨우칠 수 없는 무상무념
꺼져 버린 마음속
만卍 등에 불 밝히기 위해
오늘도 긴 수행의 길을 걷는다.

제야의 종소리

차 한 잔으로 몸을 데우는 이 시간
갈대의 마른 가지
속울음 삼키듯
푸르른 여름날을
그리워하는지 모른다

강물이 흘러가는 것을 바라보며
봄을 기다리며 서성이는 동안
터트리지 못한 언어들이
세월만 흘려 보낸 것은 아닐는지

"인생은 생방송 홀로 드라마"
유행가 가사처럼
되돌릴 수 없는 세월을
흑백 필름에 담아
흐릿한 영상을 펼쳐보고 있다

제야의 종소리 들려오고
또, 한 해의 문이 열린다.

창문을 바르며

콘크리트 바닥을 헐고
정원 하나 만들어 놓았더니
이슬 머금은 바람은
민들레 홀씨 하나 떨어뜨리고

무르팍 시려오는 이불 속에서
밤새도록 뒤척이다
설친 밤 열어 보니
바람은 코앞에서 머물다

땅거미 질 때쯤이면
민들레 밭에 서성이던
우리 할머니
아련히 비치는 등불 켜 놓고
참빗으로 머리 빗고 앉아

세상을 환하게 비추는 달님에
부드러운 눈빛 나누며
하루의 기도로 마무리한다

삶의 길목에서

강력한 산통으로 피워 올린
꽃망울이 전하는 말
영생을 깨우는
심장 박동 소리였다

세월을 뒤집어 보면
삶의 현상들은
단위를 계산할 수 없는
그리움이었다.

풀숲에
투영되어 들려오는 말
고흐도 찾지 못한 날숨소리
아직도 바람이고 싶다.

그는 말했다

지난날 되돌아보면
고통을 초월한
떠나지 않은 느낌 하나 있다고

활짝 웃는 얼굴엔
가슴 에는 고통 하나
숨겨 두었다고

가을날 떨어지는 낙엽 속에
고백하지 않은
그리움 하나 숨겨져 있다고

그는 말했다
눈 부릅뜬 언어 속에
빛 하나 숨겨 두었다 한다

• 시평 •

삶의 근원에 존재하는 인식과 존재의 결합

시인, 문학평론가 **우영규**

1

우리의 기억에서 발현되는 모든 것은 특정한 시간에 근거한 사실적 재현이 아닐 것이다. 기억이란 우리가 잘 알듯이 인간의 가장 오래되고 깊은 근원을 유추하게 하는 기능에 있으며 망각된 것들을 복원하는 경험적 방법론이기도 하다. 이러한 과정으로서 상상적이고 유추적 구성으로 현상하게 될 것이며 이때 세계는 이미지 외에 결코 다른 것이 아니다. 또한, 시의 일반화된 문법 가운데 하나는 사물과 시간성과 내면의 등가적 결합에 있을 것이다. 사물의 어떤 속성에 내면의 어떤 움직임을 등가적으로 투사(projection)하는 방식이다. 이때 우리는 시인의 시선이 가닿는 곳이 시인의 내면이 투사된 '해석된 상황'임을 경험하게 된다. 그 해석 과정에 동참함으로써 우리는 낯익은 풍경을 새롭게 바라보게 되고, 그 풍경은 새로운 의미를 덧입

게 된다. 이와 함께 외연에서 발견하고 체득한 생의 비의와 삶 자체의 풍물을 새기는 내연의 시간은 존재의 내밀한 목독을 확인하는 일이다. 시인은 자신의 내면을 직정적으로 토로하기보다는 뭇 대상이나 과정 혹은 결과들을 환기하면서 내면을 암유적으로 고백하는 과정을 거친다. 언제 어디서 어떻게 그 빌미를 얻는 것일까. 그것은 시간 속에서 일어나는 행위의 인과율을 포함하는 정서적인 열림의 한 상태, 즉 현상계에서 솎아내는 혼돈을 내적으로 질서화하는 것이다. 불가능과 가능성, 또는 기대와 포기 등을 하나의 혼돈 속에서 음미하는 것으로 구체화된다. 이러한 과정을 거치면서 탄생되는 시-문장은 시인의 고유하고 내재적인 시차視差를 통해서만 표현되며, 그럼으로써 유일한 생성의 도정으로 진입하게 된다. 특히, 이 '시차'의 필연적인 붕괴 혹은 각성에 직면하면서 더욱더 견고하고 다양성을 띠게 된다. '시차'의 집요하고 끈질긴 개입은 동일한 작품에서 수많은 해석을 유발하게 됨을 우리는 환기해야 한다. 이는 시-문장이 언제나 언어로 환원되지 않기 때문이다. 언어 속에서 존재하지만, 늘 언어를 보충하고 또한 넘어서는 것이 시의 본질적인 속성이기 때문이다. 자세히 뜯어보면 시-문장은 대상을 소유한 시인이 자신의 시선을 고스란히 투사하는 대화의 용도, 즉 화용話用이 아니며 더욱이 대상에 내재한 시인 자신의 집요한 응시를 직접적으로 형용하는 발화發話도 아니다. 그것은 오로지 시인이 대상을 포획하고 통할하는 순간 빠져나가는 그 어떤 것으로 항상 결여와 과잉을 행간에 흩뿌려놓는다. 말하자면 '그것은 그것이 아닌 채 그것이 됨'으로써 우리를 사로잡는다. 우리는 이 시-문장을 시인의 이성이 관통하는 투명하고 명철한 의미의 세계가 아닌, 무의식의 흔적들이 무질서하게 각인된, '비 의미의 세계' 혹은 '너무 먼'과 '너무 가까운' 사이의 결정 불가능한 공간(S. 지젝)으로 재배치할 수 있게 된다. (우영규, 『시와 언어』 P52) 또한, 이처럼 인간의 삶은 끊임없이 '나 아닌 존재'와의 관계를 맺으면서 살아가는 과정이니 사실상 '나'는 '나 아닌 존재'와의 관계를 통해 상호주관성이 규정된다고 말해야 할 것이다. 이는 '나'의 주관성이 '나 아닌 것의 존재'를 전재함으로써만 가능하다는 것, 따라서 모든 주관성은 이미 상호주관성이라는 말이 되겠다. 문제는 이 '나 아닌 존재'와의 관계 맺는 방식의 양산과 방향이다. 현상학자들에 따르면 인간의 의식은 중립적이지도 특정한 대상보다 먼저 존재하지도 않는다. 그렇다면 의식은 이미 항상 일정한 대상을 지향하는 방식으로 존재한다는 것, 나에게 있어서 대상은 항상 나에게 고유한 가치나 빛깔로 드러난다는, 그리하여 모든 감각은 감각된 것에 대한 감각이라는 말로 정리할 수 있겠다. 우리는 흔히 '사물'과 '대상'을 동일한 것으로 간주하며 살아가지만, 구체적인 생의 맥락에서 '대상'은 단순한 사물이 아니라 지향된 사물, 즉 '대상'으로 경험된다는 것을 알고 있다. 이러한 지향성의 경험을 가장 선명하게 보여주는 것이 예술이며 특히 시인과 시적 대상의 관계이다. 이러한 맥락들을 상기하면서 박언지의 시 세계를 살펴보자.

2

상제된 시집을 통해 우리는 박언지 시편이 자기만의 실존적 경험에 대한 탐구에 열중하고 있음을 알 수 있다. 여기에 내밀하게 자신의 영혼을 흔들고 사라져 간 개인의 서사차원이든, 순수하고 순결했던 시간을 추억하는 서정의 차원이든, 아니면 시간과 기억 자체의 시간성을 궁구 하는 메타차원이든 간에 박언지는 현실과의 괴리에 대한 섬세한 해석을 지속적으로 욕망하고 있다. "입술을 깨문 짙은 한숨이/ 몇 번을 삼켰다 참으며// 가슴앓이를 하"(「이슬」 부분)는 도정을 거슬러보면 '이슬'을 매개로 한 시간성과 결부되면서 한층 진일보한 영역을 개척('나만의 보석')해 놓는다. 공교롭게도 아도르노의 입장으로 착각할 수 있는 이 부정 아닌 부정의 변증법을 통해서 '나'는 '아도르노'가 아닌 '헤겔식' 부정을 기입하고 있다. 박언지는 자신에게 산출되는 시-문장을 결여('울부짖는 괴로움')와 과잉('나만의 보석') 속에서 온전히 제로('돌')로 돌려놓는다. 이는 전체 시-문장에 내재된 이전 기억의 단면이 드러나는 결이 확연이 나타나고 있기 때문이다. 이런 지향 안에는 그러한 기억의 탐닉을 가능케 했던 삶의 세목에 대한 성찰의 태도가 깊이 각인되어 있기도 하겠다. 또한, 이것은 그녀의 격정적이고 심미적인 사유의 일단을 보여주는 실례가 될 것이다.

이슬로만 살고 싶어요.
그렇지만
아니에요,
입술을 깨문 짙은 한숨이
몇 번을 삼켰다 참으며

가슴앓이를 하다
잎새에 떠 놓은 정화수가 될래요.
타인에게 보이는 것은
울부짖는 괴로움이라
싫어요,
들끓는 나만의 보석으로
천년이 지나도 변하지 않는
구슬이 될래요.
혹 발부리에 차일지라도
땅에 흩어지지 않는
아침 햇살과 함께
돌이 될래요.

—「이슬」 전문

시인은 '이슬'로만 살고 싶다고 노래하지만, 기실 그 몸짓은 기억을 항구화하려는 시적 욕망의 한 형식일 것이다. 현실의 '나'에 대한 애착과 기억 속의 '나'와의 시간성을 탐구하는 과정을 벗어나지 못한다. 왜냐하면 "타인에게 보이는 것은/ 울부짖는 괴로움이라"고 고백하는 자아이기 때문이다. 그녀는 상상적 기억과정을 집중적으로 수행하고 싶어 한다. 결국 "천년이 지나도 변하지 않는/ 구슬이"되고 싶은 것이다. '이슬'이라는 대상을 응시하면서 흩어져 사라져 버리는 것보다 차라리 "아침 햇살과 함께/ 돌이 될래요"라고 실토하는 것에서 '나'와 '나 아닌 존재'와의 관계를 정립시키고 있다. 이는 이미 시간성을 내재한 시인 자신의 집요한 응시를 직접적으로 형용하는 발화發話이다. 여기에서 그만의 사유의 깊이를 보여주는 사물과 그 존재 방식을 가멸차게 보여주는 곳을 향하게 된다. 감각과 사유의 깊이는 일종의 타자 교섭적인 속성을 자신의 작품 안에 흩뿌리면서 지각 불능한 실재들을 넉넉하게 받아들이며 사물과 현상이 내지르는 고요의 소리를 민활하게 채집하면서, 근원적 존재의 심연을 탐색하고 있음을 보여주고 있다. 하나의 대상 안에는 하나 이상의 것이, 하나의 현상 안에 하나 이상의 현상이 웅크리고 있는 것, 다시 말하면 현상이 더 이상 현상으로 존재하기를 그치고 '사물'이 단순한 사물이 아니라 '대상'으로 지향될 때, 그리하여 습관적인 반복과 향유에 기초한 일상적 관계가 지향될 때 비로소 완강한 시의 실체가 드러나 보인다. 인간의 모든 행위와 갈구의 지향은 리비도의 흐름을 따르므로 시선, 즉 본다는 행위에는 항상 어떤 지향이 개입하고 있음을 말해주고 있다.

당산나무 둥지 튼 까치가
기쁜 소식 전하며 울던 날
한 올 한 올 머리카락 빗어 내린
쪽진 머리한 여인이 있었다

어설픈 시집살이 매캐한 재 냄새에
고향 집 안부가 목젖에 걸리어
앙가슴을 태우던 날
부엌 창살에 비친 햇살이기도 했다

동백기름 바른 머릿결
반질거리는 장독대 옆에서도
서방님 발자국 소리에 귀 세우고
성근머리 갈무리 할 때도 있었다

햇빛이 정갈하게 내리는 창문에 기대선
해맑은 숫처녀의 미소도
귓전을 때리던 여인의 한숨 소리도
이제는
세상 사람들의 기억 속에서
점점 잊어져 가는 얼레빗.

—「얼레빗」 전문

인용 시 「얼레빗」에서 기억의 공간에 걸린 세월로 말미

암은 망각의 현상을 자연스럽게 소환해 놓고 "한 올 한 올 머리카락 빗어 내린/ 쪽진 머리 한 여인"을 은근슬쩍 옆자리에 앉혀놓는 것은 자기 확인 욕망의 진부한 췌언의 여지가 다분하다. 그러면서 "어설픈 시집살이 매캐한 재 냄새에/ 고향 집 안부가 목젖에 걸리어/ 앙가슴을 태우던 날"을 재구성하면서 '쪽진 머리 한 여인'의 모습을 '부엌 창살에 비친 햇살'로 환치시키고 "서방님 발자국 소리에 귀 세우고/ 성근머리 갈무리"하는 근원의 모든 행위는 '얼레빗'으로부터 발화되며 이 발화는 오랫동안 견뎌온 잠재적 기억(시간성)의 소환에서 비롯된다. "햇빛이 정갈하게 내리는 창문에 기대선/ 해맑은 숫처녀의 미소도/ 귓전을 때리던 여인의 한숨 소리도/ 이제는 세상 사람들의 기억 속에서/ 점점 잊어져 가는 얼레빗"의 존재는 시인에게 있어 성찰과 갱신을 수반한 것이며 기억에 의한 재구성의 결과를 환기시키면서 시간 속에서 투과되는 존재를 확인하는 일이기도 하다. 그런 가운데 내적 혼돈을 질서화하는 과정을 거친다. 여기에서 화자와의 극적인 공감이 되기까지의 시간의 의식을 언어로 포획하는 행위가 독특하다. 그래서 「얼레빗」을 통해 자아를 좀 더 근원적이고 궁극적인 자리로 밀어 올려놓고 '점점 잊어져 가는' 것에 대해서는 주체의 점진적 소멸을 꾀하면서 동시에 대상을 완성하고자 하는 시인의 의지의 발현일 것이다. '잊힘'과 '기억'이 하나 되는 과정이 공감의 왜곡으로 보이기도 하겠지만, 일상성에서 포획된 시간의 파편들인 것은 분명해 보인다. '고향 집'이

누구에게나 존재하는 세계에 대한 공간적 형상이라면 '기억' 역시 누구도 외면할 수 없는 삶의 배경이라고 할 수 있겠다. 어쩌면 소녀 박언지와 시인 박언지의 기억의 재구성은 동일할 수도 있겠다. 시인에게 이러한 기억의 세계는 현재와 분리된 과거(시간성)가 아니라 이미 항상 우리 삶의 저변에 흐르는 잠재적이고 비가시적 질서의 일부이다. 이는 결국 우리가 현재의 어떤 사물이나 장면 등을 접할 때 거기에는 이미 항상 과거의 시간이 개입하고 있다는 의미이다. 박언지의 언어와 발길은 시편 곳곳에서 자주 이 비가시적인 세계 부근에서 서성거리고 있다. 이 또한 공간과 시간을 전유하는 박언지의 특유한 시적 방식으로 보인다.

무심코 밟고 지나간 자리
질긴 생명 하나
뿌리 깊숙이 숨겨둔 줄기를
듬성듬성 피워 올린다

자줏빛 꽃망울은
찢기고 찢긴
생채기를 지우느라
이마에 잔주름 만들며
상처를 남기지 않기 위해
피멍 자국 지우며 살아간다

가장 낮은 곳에서 살아가는
두둑한 배짱이 좋아
'배뿌쟁이'라 불리며
사랑과 희망의 제물이 되어
빛의 골짜기를 걸어간다

—「질경이」 전문

흙길을 걷다 보면 아닌 말로 발길에 밟히는 것이 '질경이'다. 그러나 박언지 시인에게는 특별하다. 심상心狀의 작품이지만 실존에 한걸음 더 다가선 시-문장을 구사하면서 내면의 시간(사유)에서 존재 확인의 시간을 향유하고 있다. 화자는 근거리에서 자신의 모습을 바라보는 듯 결국 구도자의 포즈를 취하고 있지만, 기실 관여자로서 투영되고 있는 것이다. "무심코 밟고 지나간 자리/ 질긴 생명 하나/ 뿌리 깊숙이 숨겨둔 줄기를/ 듬성듬성 피워 올"리는 현상을 목도하는 순간이 바로 자아의 발견이다. 자아는 가려진 자신에 대한 모든 문제를 인간 보편의 문제로 확대하는 자아 성찰로 구체화한다. "찢기고 찢긴/ 생채기를 지우느라/ 이마에 잔주름 만들며/ 상처를 남기지 않기 위해/ 피멍 자국 지우며 살아"가는 저 끈질기고 억척같은 '질경이'의 모습이 흡사 자신의 모습과 연동되는 순간을 맞이하게 된다. "가장 낮은 곳에서 살아가는" 모습에서 화자의 분신과 같은 대상을 만나게 되고 그리하여 방향을 얻게 되고 충만한 존재감을 얻었으리라. "사랑과 희망의 제물이 되어/ 빛의 골짜기를 걸어"가는 내면 고백의 현상은 이러한 시간의 흐름을 가득 담은 채 생의 원형으로 찾아오게 되고 일체의 자아 성찰의 본형으로 돌아가고 있다. 과거와 현재, 내면과 외연 등이 복합적으로 생성된 에너지를 품은 채 움직이고 있다는 것을 볼 수 있다. 특히 자아를 발견하기 위해 '나'라는 존재를 거부할 수 없도록 장치되어 있음을 알 수 있다. 이 모든 '사유'는 본질적으로 익숙한 상태를 벗어났을 때, 낯선 상황에 직면했을 때 시작된다. 모든 현상의 마주침이 사유를 촉발하지는 않는다. 우리는 낯선 것과 마주하는 대부분의 순간에 익숙한 것을 개입시켜 낯선 것이 초래하는 불편함을 없애려는 경향을 지니고 있음에 이러한 심리적 방어기제에도 불구하고 그것을 뚫고 무언가가 도래하는 순간이 있기 마련이다. '사유'는 바로 이 순간에 시작된다. 그리고 그것은 동일한 대상을 이전과 전혀 다른 관점에서 인식하도록 만든다. '질경이'의 현상을 사고思考하는 과정이 그러하다. 즉, 이는 삶을 관조하는 것이다. 서정시의 사물 인식의 보편적인 방식인 대상과의 자기 동일성이 이 시편 「질경이」에서도 여실하게 드러난다. 그러나 그런 방법상의 대상 인식만으로는 다 섭렵되지 않는 것이 있다. 그것은 사물에게서 전달받는 원초적인 위로와 연대의 기미機微가 지니는 실물감이다.

탱자나무 울타리

꼬막손

꽃 한 송이

삶의 길목에서
바람이 출렁일 때마다

유달리 가시가 많은
하얀 꽃 대궁에
지워지지 않고
핏빛보다 더 붉은 그림자

하얀 무명수건
입도 열지 않고
대답도 없이
면벽한 바람을 다독인다

―「탱자나무 울타리」 전문

화자의 내면적 자의식이 더 깊고 절실하게 발현된다. 미치도록 가려운 생의 모진 자리를 목도한 시인은 존재의 개입을 통해서 현상을 유지하고 싶지만, 그것이 고통이라는 걸 안다. 분열된 자아에서 자의식이 가동되는 과정이 '탱자나무'를 통해 지향적 삶과 현실적 삶 사이에 거리가 생기기 시작할 때 자의식이 가동될 것이다. 또한, 시인은 주체와 대상 간의 조화로운 소통을 지향하고 있다. 그의 시에 나타나는 시간성의 양상이 어떠하든지 간에 그 안에는 서정성이라는 미학적 바탕이 동시에 깔렸다고도 할 수 있다. 서정성이라는 시의 근본적 속성을 바탕에 깔면서도 그 속에 복합적이고도 다양한 현상학의 징후들을 유달리 가시가 많은 '탱자나무'를 통해 녹여내고 있는 것이다. 그러한 양상은 여기서 크게 사물의 시간과 인간의 시간이라는 말로 요약된다. 인용 시에서 명명되는 "꼬막손/ 꽃 한 송이"는 또 다른 '나'의 환유이다. 곧 자신의 내적 변이를 촉발하여 '나'의 존재를 확인하는 과정이라고 볼 수 있다. 시인은 작품 속에서 이야기를 전할 자신의 페르소나를 설정하는데, 자신을 얼마나 투영하느냐에 따라 자전적 화자와 허구적 화자로 나눈다. 이런 관점에서 보면 박언지 시인의 심리적 거리 관계가 얼마나 깊이 작동하고 있다는 것을 볼 수 있다. "삶의 길목에서/ 바람이 출렁일 때마다// 유달리 가시가 많은/ 하얀 꽃 대궁에" 한처럼 박힌 삶의 무게를 화자는 반사적으로 의미를 부여하고 외연을 확장해 가려는 힘을 더한다. 삶의 그늘이 드리워져 "지워지지 않고/ 핏빛보다 더 붉은 그림자"로 현현되고 있다. 상기된 인용 시 「질경이」에서 노래했듯이 이미 화자가 '질경이'의 강인함을 선험적으로 경험하고 있음에 완미하고 완전한 전언을 지닌 실물로서의 '질경이'는 생래적으로 담지된 모자라는 기운을 알고는 이 현상을 이용해 표현하는 환유로의 전환을 이미 예시하고 있다. "하얀 무명수건/ 입도 열지 않고/ 대답도 없이/면벽한 바람을 다독인다"라고 실토하는데서 한 생의 삶이 간파된다. '바람=세파, 그림자

=아픔'이라는 등식을 만들어 보면 '하얀 무명수건'은 기실, 성찰과 갱신을 수반하는 것이겠다. '너(탱자나무)'에게 바라는 마음은 곧 '자신(아픔)'의 처지에 대한 궁핍한 설명이다. 자신만이 가진 비상의 의지를 '탱자나무'에게 까지 도달시키려는 것에서 시인은 사물과 등량等量의 몫으로 내면적 진실을 발견해 가는 지혜를 잘 보여주고 있다.

거울을 보다
당황스럽게도
내 얼굴이 생각나지 않는다

희미한 거울 속 또렷이 보이는 것은
아이러니하게도
수십 년간 공존해 온 시간뿐

걱정과 두려움에
에너지가 소진된 서럽던 날
기쁨이 되지 못하는 차안此岸의 경계

보름달에서
그믐달로 비워지는
푸른 날의 지문처럼
곱게 피어나리

–「무아의 곡선」 전문

그렇다면 시인의 자의식은 일상 속에서 팽팽한 긴장과 길항작용으로 버티는 힘겨운 과정에 자리하고 있다고 하겠다. 어제와 오늘, 과거와 현재와 미래가 갈마든 몸에서 축적된 감정은 몸속에 농축된 현상의 감정이며 숙주를 찾아가는 파동이며 여행이다. “거울을 보다/ 당황스럽게도/ 내 얼굴이 생각나지 않는” 것은 무슨 곡절일까. 거울 속의 모습이 본디의 자기 모습이 아니라는 진술이다. 세파에 찌들어 살아가다 보니 소녀 박언지 혹은 새댁 박언지의 모습이 사라지고 없다는 것에 대해 세월 앞에서 자아가 멈춰서 버린 것이다. ”희미한 거울 속 또렷이 보이는 것은/ 아이러니하게도/ 수십 년간 공존해 온 시간뿐“ 그 아무것도 보이지 않는 현상을 시인은 ”걱정과 두려움에/ 에너지가 소진된 서럽던 날“로 공간을 재배치하면서 거울 속에 비친 대상의 감정을 자기 진술로 구현하고 있는 것이며 주체로서 동일화된 대상의 내면에 대한 발언이며 대리진술인 것이다. 또한, 대상에게서 “차안此岸의 경계”를 포획해 낸다는 것은 그 대상과 시적 자아의 내적 인격화를 함의하고 있으며 담담하게 자아를 제거하고 세계를 자아에 편입시키고 있음을 알 수 있다. 거울에 비친 현상을 자아화 하는 과정이 시 안에 단정하게 들어앉은 사물(거울)과 소리 없이 내통하며 과거와 현재에 관여한 삶의 원형을 그려내고 있다. “보름달에서/ 그믐달로 비워지는/ 푸른 날의 지문처럼/ 곱게 피어나”고 싶어 하는 심중을 단호하게 실토하는 것 또한, 삶을 사물에 의해 요청하는 모습이 극대화되고 있음을 알 수 있다. 결국 삶의 근원에 존재하는 어떤 가치를 만나 그것을 사유하고 펼쳐가려는 남다른 의지를 통해 우리의 삶이 불가피하게 가질 수밖에 없는 보편적 지향점을 예시하고 있다. 시 「무아의 곡선」의 이미지는 시인이 발견한 원형적 세계를 암시적으로 드러내면서, 시인 자신의 미학적 상상력을 첨예하게 보여주는 작품이라고 할 것이며 그러기에 더욱 진정한 자아 찾기에 몰두하려고 하는 것이 아닐까. 이 자리가 바로 박언지 시인의 치유 시학이 생성되는 지점이라고 볼 수 있다.

3

원래 사물은 정태적이고 자족적인 것이 아니라, 끊임없이 적응과 변화의 계속적인 과정 속에 있는 것이다. 그리고 그 안에는 자기반성적 치유와 온천(wholeness)의 대안적 세계가 들어있다. 이때 사물을 형용하는 발화發話의 과정에서 오로지 시인이 대상을 포획하고 통할하는 순간 빠져나가는 또 다른 대상은 항상 결여와 과잉을 행간에 흩뿌려 놓는다. 시인은 일련의 시에서 실존의 상징으로 숟가락을 끌어들여 감정이입을 하거나 활유법活喩法을 구사하는 한편, 사물과 교감(순응)을 하면서 존재탐구를 거듭한다. "숟가락"과 "허기진 세월"을 묶어놓고 삶의 욕망과 연계시켜 기억의 바다를 헤엄치기도 한다. 그런 한편 그것이 분신과 같은 존재여서 사뭇 다른 존재의의를 부여받는데, 그것은 다름 아닌 '무심'이다.

가장 가까이 두고 살던 것들 중
하나 어루만져 본다.

허기진 세월 가뭇없이
행여나
너를 무시해 버렸나

내 몸 들피질까 봐
오늘도 내일도 끼니마다
들락거렸나 보다

무심코 지났던 일들이
문득 새삼스러울 때가 있다

—「숟가락」 전문

시인은 미시세계와 거시세계를 넘나들며 하나로 아우르는가 하면, 범상한 일상사를 자연의 질서세계로 끌어올려놓고 "가장 가까이 두고 살던 것들 중/ 하나 어루만"지면서 다시 되돌아오는 은유의 언어들을 빚어낸다. 그와 숟가락은 공동체다. "내 몸 들피질까 봐/ 오늘도 내일도 끼니마다/ 들락거렸나 보다"라고 진술하는 것은 "숟가락"에 인격을 부여하고 감정을 이입하거나 투사해 시적 묘미와 호소력을 증폭시켜 놓는다. '숟가락'에 의한 전체 이미지는 사물이 아니고 사물의 벌거벗음이다. 따라서 이미지는 사물을 표현하지도 않는다. 그럼에도 불구하고 이것이 사물을 인식하게 해주는 것은 사물의 옷을 벗겨놓았기 때문이다. 즉, 그것은 사물 그 자체다. "무심코 지났던 일들이/ 문득 새삼스러울 때"에 시인은 사물에 부여한 인격을 조금은 먼 시선으로 다시 바라보며 "허기진 세월 가뭇없이/ 행여나/ 너를 무시해 버"린 것을 알아차린다. 드디어 사물과의 진정한 교감(순응)이 이루어진다. '너'와 '나' 사이를 이리도 무심하게 한 것은 무엇인가. 바로 삶 그 자체다. 자아는 이제 삶 앞에 겸허謙虛한 자기반성과 자기 성찰을 전제로 이 같은 "어루만져"보는 행위로 일탈한다. 이 시에서 시사하듯, 자아 내면의 빛을 투사해 실존 속에 숨어 있는 현존재의 본질을 파고들면서 그 언어의 본래적인 빛을 찾아내고 있다. 따라서 존재론적 갈증을, 한 뜻밖의 실존의 상징(숟가락)이 해소해 줄 수 있다는 '현실 초월에의 꿈꾸기'에 다름 아니며, 시인이 궁극적으로 추구하는 더 나은 삶의 세계를 암시하고 있다.

> 등 굽은 내 어머니
> 호밋자루
> 5남매 얼굴 떠올리며
> 묵정밭 일구었던 텃밭
>
> 깊어지는 이 가을
> 천상의 옷 걸쳐 입고

마른 꽃 대궁
억새꽃 휘날리며
무명수건 묵정밭 일구셨던 흔적

— 「이 가을에」 전문

박언지 시인은 자신의 존재론적 기원(ORIGIN)인 어머니와 가을을 소환한다. 가난을 '어머니'로 환원하여 궁극적인 신성神聖의 거소居所로 규정한다. 그곳의 시간을 항구적으로 남기고 기억하려는 듯이 옛 기억을 거슬러 오른다. 여기서 보이듯이 서정시의 직능이 기억을 통해 생성된다는 것을 확연히 증언하고 있다. 오랜 기간 묻어두었던 삶의 기억을 탈환하는 상상력도 괄목하지만, 시간의 관여자로서의 이미지를 확연히 보여주고 그것이 시-문장으로 아름답게 발현된 것이다. '어머니'라는 존재의 삶에 대한 철저한 성찰이 있었다면 이제 어머니에 대한 애심으로 귀결된다. 이는 삶에 숨 쉴 틈을 내어주는 신생의 작업을 가능케 하는 원천으로 작용되기도 한다. '나'도 '어머니'의 존재로서 '어머니'와 '나'를 동일선상에 놓고 보니 이제야 절실한 존재 확인의 순간을 만나게 되는 것이다. "등 굽은 내 어머니/ 호밋자루/ 5남매 얼굴 떠올리며/ 묵정밭 일구었던 텃밭"을 바라보는 시인의 웅숭깊은 시선이 광대무변의 시간 앞에서 시간과 공간의 기원에 다다르려는 모험을 시도하려 하고 있다. 이때 그는 은폐와 개진에 관여하는 조정자의 포즈를 취하고 있다. 사물에 배어 있던 시간은 그

커를 벗어내며 '호밋자루'를 통하여 그 본모습을 보여줄 뿐만 아니라 그는 사물의 시간과 인간의 시간 사이에 놓인 지정의 세계를 탐색하면서 내면 깊숙이 가라앉아 있는 존재의 경험과 시적 욕망을 전이하고 있다. "깊어지는 이 가을/ 천상의 옷 걸쳐 입고/ 마른 꽃 대궁/ 억새꽃 휘날리며/ 무명수건 묵정밭 일구셨던 흔적"을 목도하는 시선은 새로운 주체로서의 나의 모습(견지자)이 구체적으로 드러나기를 원하며 이러한 기억(시간성)의 과정들이 모두 스스로 회심을 구원한다고 보고 있다. 2연 첫 행 "깊어지는 이 가을"의 시-문장이 시 전체에서 불쑥 도드라져 보이는 것 또한, 쓸쓸한 가을에 시인에게 허여 된 삶과 시간, 세계를 '어머니'를 상기하는 큰 울림으로 공명 시키고 있기 때문일 것이다. 더구나 '어머니'의 시간과 '나'의 시간이 겹치는 순간을 포착하고 싶은 것이다. 시인에게의 시간은 누구에게나 공평하게 주어지는 객관적인 것이 아니라 삶의 구체성에서 경험되고 기억된 주관적인 것이기 때문이다. 과거와 현재를 오가며 쌓인 시간성이 전체성과 결합되어 있는가 하면, 부호로 박아놓은 듯이 "무명수건 묵정밭 일구셨던 흔적"을 상기하는 과정에서 새로운 출발점을 부여해 놓았다. 대상의 내면을 암시적으로 드러내면서 대조적 상관물인 '호밋자루'를 통하여 복합적인 자의식이 작동하는 이 또한 시인 스스로의 삶을 기억하고 성찰하는 과정에서 합리적인 은유의 깊이를 내재하고 있다.

산모롱이 전설 같은 길섶에
정겨운 두상화頭狀花로
피어난 너,
샛노란 화관을 쓴 주름진 입술
미세한 바람에도
향기를 파르르 토해내며
피어난 너,
낙엽의 잔해 속 풀잎의 흔들림에
숨소리조차도
심장을 붉게 물들은
생존의 벼랑 끝에서
조락凋落의 꿈으로
흩어지기도 한 너,
그러다 옷자락에 묻어난
순간의 그리움만큼이나
빠르게 식지 않는 불길,
서글프도록 아름답고 소박한
너의 입술에
발길을 멈추고 말았다

—「들국화」 전문

시인은 여기서 일탈에 가까운 사색의 시간을 노래한다. 시 「들국화」에서 보면, 기억에 깃들인 대상들을 재현하면서 그것을 관조와 성찰의 시간으로 허락하고 있다.

이는 시인이 언어로 여백을 채우듯이 정신적 허기로 아픔을 메우려고 하는 시적 전략이라고 볼 수 있다. "산모롱이 전설 같은 길섶에/ 정겨운 두상화頭狀花로/ 피어난 너"를 불러 앉히는 어투에서 알 수 있듯이 이는 시간에 대한 미학적 헌사이자, 상실감을 벗어나 충만한 현재형으로 변형해 가려는 화자의 의지가 반영된 것이며 "옷자락에 묻어난/ 순간의 그리움만큼이나/ 빠르게 식지 않는 불길"을 담고 싶은 화자의 외롭고 서늘하게 살아온 자신의 삶에 희망의 파동을 개입시켜 조화의 세계를 들여다보는 화법에서 시의 균형과 확장성에 깊이 관여한 것을 알 수 있다. "서글프도록 아름답고 소박한/ 너의 입술에/ 발길을 멈추고 말았다"고 실토하는 것은 '들국화'를 매개체로 파편화된 감정이나 생각을 녹여 하나의 사연으로 구축하게 된다. 나의 일탈과 「들국화」가 버성기듯 각자의 시간을 녹여내었던 때를 거스르면 외로움은 혼돈 너머의 멸절에 가깝다. 무싯날 어느 일탈이(타자) 신호를 보내온다. 모든 신호는 광활한 부재의 저편을 향해 존재에의 긍정을 기대하고 지향한다. "미세한 바람에도/ 향기를 파르르 토해내며/ 피어난 너"의 진술을 곱씹으며 시인도 한 생의 아픔과 그리움에 동참하고 있다. 화자의 이런 자연에의 기호화記號化는 결국 타자화된 '나'와 '외로움'이라는 간격을 '들국화'를 통해 무화無化시키려는 욕망이 갈마들어 있다. "낙엽의 잔해 속 풀잎의 흔들림에/ 숨소리조차도/ 심장을 붉게 물들은/ 생존의 벼랑 끝에서/ 조락凋落의 꿈으로/ 흩어지기도 한 너"이기도 하지만, 한 외로운 여인이 이심전심 같이하고 다독이고 있으니 얼마나 행복한가. 가벼운 일탈이여! 그래서 '들국화'와 '나'의 상관관계를 정립하는 과정은 존재의 확인과 동시에 '나'를 타자적 위치에 두고 견지자의 포즈를 취하게 함으로써 생의 의미를 깊게 천착穿鑿했고 이런 기저基底 위에서 그의 감수성은 남다른 시적 에너지를 조달하고 있다. 또한, 조각되지 않은 일탈에서 인간을 단련시킬 뿐만 아니라 사고의 폭과 숙성된 인간미를 지닐 수 있는 독특한 개성으로 나타난다.

4

인간의 실존은 경험적 시간이 겹겹이 쌓여 만들어진다. 지층地層이 그렇듯이 그것은 이질적인 시간들이 응축된 상태이고, 그 시간들에는 완전히 상실 또는 애도되지 않기에 일정한 조건이 주어지면 언제든 다시 현재화되는 사건들이 포함되어 있다. 시간의 저편으로 흘러들어 사라지는 과거가 있는가 하면 매 순간 되돌아와 현재적 시간을 억누르는 과거도 있다. 이성에 의해 재현되거나 망각되는 단순한 기억이 있는가 하면 끝내 망각을 거부하는 기억도 있는 법이다. 이러한 과거나 기억의 도래에는 대개 특정한 매개체가 존재하기 마련인데, 가령, 어떤 죽음과의 이별 앞에서 '죽음아 잘 가'하고 말했지만 그것은 '말'에 불과할 뿐 그 내면이 상실을 성공적으로 받아들인 것은 아니다. 이러한 표면적인 타협은 과거나 기억이 도래함으로

써 한순간에 와해될 수밖에 없다. 시를 쓴다는 것은 이러한 타자적 존재(타자적 존재로서의 기억)의 침입을 거부하지 않는 것, 즉 수락하는 일이다. 흔히 '일상'이란 이 타자적 시간의 침입에서 자유로운 '자아'의 시간이다. 이 말은 타자적 시간이 침입하면 '일상'의 평온함이 깨진다는 의미이기도 하다. 따라서 타자적 시간의 침입은 '나'의 권한이 아니기에 막거나 회피할 수 없다. 실존적인 '과거'와 '기억'에 지배되는 현재, 그것이 응집되어 박언지의 시집 곳곳에 흐르고 있다.

무한경쟁 자체가 목적이 되는 현실에서 한 개인의 행위는 기계화나 수치화가 되고 말 것인데, 이러한 행동이 반복되는 세계를 '앙리 르페브르'는 그것이 일상이라고 했다. 즉, 일상은 노동이나 노동 밖에서의 행동들이 기계적으로 반복되는 공간이다. 그러므로 일상 속의 인간은 자신의 본래성을 잃어버린 훼손된 존재가 되는 것이다. 인간은 이러한 자신의 존재 훼손을 극복하려고 하지만 쉽게 돌이킬 수 없다는 것을 안다. 그러기에 더욱 진정한 자아 찾기에 몰두하려고 하는 것일 것이다. 이 자리가 바로 박언지의 시가 생성되는 지점이 아닐까. 박언지의 시편에는 사색의 에움길에서 목을 축이는 새로움의 감각이나 혹은 주체에서 해방된 이질적 발화도 눈에 띄고, 대상에 내재한 자신의 집요한 응시를 직접적으로 형용하는 발화도 감지된다. 또한, 일상에서 목도하는 수많은 현상의 줄거리를 반추하는 데서 생겨나는 시적 감각도 남달라 보인다.

더러는 망각의 과정을 기억해 내려는 가장 그윽한 눈길로 바라보는 세상의 주인 없는 시간들을 위하여 매진하고 있기도 하다. 그래서 닿지 않은 기억 저편을 향해 우리는 더 명료한 가슴을 들이밀어야 할지도 모른다. 그 많은 기억들은 다 어디로 가 모래알처럼 쌓여 사막이 되어가는 걸까. 아니, 허공에 머물러 이미 곳긴 목숨들이 내놓은 공기로 머물다 산목숨들의 숨구멍이나 스쳐 지나가는 기억의 변방에서 낯가림 없이 들락거리게 되는 걸까. 박언지에게 있어 내면에 자리 잡고 쌓여가는 의식이 어떤 연상 작용에 의해 섬세하게 반추하고 그를 넘어서 다양한 의식 형태와 감수성을 포괄하는 존재에의 관여라는데 까지 이른다. 한편으로는 성찰적 회귀본능의 인간으로, 다른 한편으로는 새로움을 지향하는 구도자의 자세로 서 있는 그녀는 나의 소리가 어디에 부딪혀서 메아리로 다시 들려오는 현상을 목도하고 싶은 것이다. 이는 그의 외침이 더는 소음으로 돌아오지 않기를 바라기 때문일 것이다. 이제 저 너머의 시간과 공간에서 까지도 매시간 위안과 성찰의 중심에 자리하여 더욱 심미적 서정의 차원을 아름답게 하는 시적 진경進境을 소망한다.

기억에 선을 긋다

초판 1쇄 발행 2025년 1월 1일

지은이 박언지

펴낸이 임병천
펴낸곳 책나무출판사
출판신고 2004년 4월 22일 (제318-00034)

주소 서울시 영등포구 신길3동 325-70 3F
전화 02-338-1228 **팩스** 0505-866-8254
홈페이지 www.booktree.info

ISBN 978-89-6339-741-2 03810